AF715419

अहसासों की स्याही

मौन से शब्दों तक का सफर

रेखा खेमका

BookLeaf Publishing
India | USA | UK

Made with ❤ on the BookLeaf Publishing Platform
www.bookleafpub.in
www.bookleafpub.com

Dedication

यह पुस्तक मेरे पूज्य पिता जी की पावन स्मृति को समर्पित है। उनका असामयिक जाना मेरे जीवन का सबसे बड़ा खालीपन छोड़ गया। पापा, आपकी दी हुई सीख और आपका आशीर्वाद आज भी मेरी इन पंक्तियों में जीवित है।

Preface

"अहसासों की स्याही" केवल शब्दों का संकलन नहीं है, बल्कि मेरे हृदय के उन अनकहे कोनों की प्रतिध्वनि है, जिन्हें मैंने समय के साथ जिया और महसूस किया है। अक्सर हम अपनी व्यस्त दिनचर्या और सामाजिक भूमिकाओं के बीच अपनी पहचान और अपनी भावनाओं को कहीं पीछे छोड़ देते हैं। यह संग्रह उन्हीं भावनाओं को पुनः खोजने और उन्हें स्वर देने का एक विनम्र प्रयास है।

ये कविताएँ केवल मेरी नहीं हैं। यह हर उस स्त्री की कहानी है जो खामोशी से अपनी जिम्मेदारियाँ निभाती है पर जिसके भीतर भावनाओं का एक समंदर होता है। माँ की ममता से लेकर समाज के बंधनों को तोड़ने के साहस तक के इस सफर में मेरी कलम ही मेरी सबसे बड़ी ताकत रही है।

आशा है कि 'अहसासों की स्याही' से लिखी ये पंक्तियाँ आपके दिल तक पहुँचेंगी।

-रेखा खेमका

Acknowledgements

मैं सबसे पहले ईश्वर को धन्यवाद देती हूँ जिनकी कृपा से यह संग्रह संभव हुआ।

मेरे पिता जी की स्मृति और माता जी का आशीर्वाद मेरी प्रेरणा रहे हैं। मेरे ससुराल पक्ष, जीवनसाथी, बच्चों और बहू के सहयोग के बिना यह यात्रा पूरी नहीं हो पाती। आप सभी के प्रेम और अटूट विश्वास ने ही मुझे इन अहसासों को शब्दों में पिरोने का साहस दिया।

आप सभी का हृदय से धन्यवाद।

- रेखा खेमका

1. एक बेटी मेरे घर में भी आई है

एक बेटी मेरे घर में भी आई है।
सिर के पीछे उछाले गए चावल, माँ के आँचल को छोड़कर।
बहुत सारे सपने लेकर, मेंहदी रचे हाथों से,
महालक्ष्मी का रूप लिए, दुल्हन बन बहू नाम लाई है।
एक बेटी मेरे घर में भी आई है।

गुड्डे-गुड़ियों का संसार छोड़, जीवन का नया अध्याय पढ़ने और जीने,
माँ का घर छोड़, अपनी नई दुनिया बसाने,
बेटी से माँ का रूप बनने आई है।
एक बेटी मेरे घर में भी आई है।

शायद उसने माँ के घर की रसोई नहीं देखी,
यहाँ रसोई में खड़ी, डरी सी घबराई है।
मुझसे पूछ-पूछ कर खाना बनाती है,
बेटे को प्यार से खिलाकर, प्रशंसा सुन खिलखिलाई है।
एक बेटी मेरे घर में भी आई है।

उसके लिए आसान नहीं था माँ का आँगन छोड़ना,
पर मेरे बेटे के साथ अपने सपने सजाने आई है।
मैं खुश हूँ, एक बेटी अपना संसार बसाने आई है।
एक बेटी मेरे घर में भी आई है।

2. मातृशक्ति का आह्वान

ऐ औरत तेरी यही कहानी, आँचल में है दूध, आँखों में है पानी।
इस कहावत को बदलकर, मातृशक्ति है जगानी।
हे मातृशक्ति जागो-जागो, खुद को तुम्हें बचाना है,
अबला से सबला की भाषा, सार्थक तुम्हें बनाना है।

भद्रकाली का रूप धरो, और दैत्यों का संहार करो,
हे मातृशक्ति तुम जाग उठो, और धरती का उद्धार करो।
यदि राम की मर्यादा का ज्ञान तुम्हें होता,
आज कोई माँ-बाप बेटी को लेकर न रोता।

जननी भी बेटी है जिसने तुमको जन्म दिया,
तेरे कुकर्मों पर उसने घुट-घुट कर जहर पिया।
मातृशक्ति की शक्ति जब मानव पहचानेगा,
आराध्य देव की भाँति ही नारी को देवी मानेगा।

एक नया समाज बनेगा, अपने देश की फुलवारी में,
हे मातृशक्ति अब जाग उठो अपने ही घर-आँगन में।

3. रिश्तों की गहराई

'रिश्ता' छोटा शब्द है, पर टूटने की आवाज़ पूरी ज़िंदगी गूँजती है।
जो हँसी के दिनों में साथ थे, वो आँसुओं में नज़र नहीं आते।
माँ-बाप ने रिश्ता बिना शर्त निभाया, बाक़ी हर रिश्ता शर्तों में पाया।
रिश्ता तभी निभता है, जब दोनों तरफ़ से कोशिश बराबर हो।

एकतरफ़ा कोशिश करने से, कुछ भी नहीं होता।
कुछ रिश्ते ख़ून से बनते हैं, कुछ दिल की गहराई से,
पर दोनों ही तब सच्चे लगते हैं, जब निभाए पूरी सच्चाई से।
रिश्ते वो नहीं जो सिर्फ़ नाम से पहचाने जाएँ।

रिश्ते वो हैं जो हर दर्द में अपना बन जाएँ।
रिश्तों को वक़्त दीजिए, उन्हें शब्दों से ज़्यादा एहसास चाहिए।
क्योंकि रिश्ते अगर टूट जाएँ,
भरने में उसे पूरी उम्र लग जाती है,
फिर भी भर नहीं पाता।

4. सच्चा सुख

ऐ सुख तू कहाँ मिलता है, क्या तेरा कोई पक्का पता है?
कहाँ-कहाँ ढूँढ़ूँ तुझको, कहीं नहीं मिल रहा मुझको।
ढूँढा ऊँचे मकानों में, बड़ी-बड़ी दुकानों में, स्वादिष्ट पकवानों में,
क्या आपको पता है, यह सुख आख़िर कहाँ रहता है?

सुख बचपन में मिला करता था, मेरे साथ रहा करता था,
पर जबसे बड़ी हुई हूँ, सुख मुझसे जुदा हो गया है।
मैं फिर भी नहीं हूँ हताश, जारी रखूँगी सुख की तलाश।

फिर एक दिन दिल से आवाज़ आई,
मैं तेरे अंदर छिपा हुआ हूँ, तेरे घर में बसा हुआ हूँ।
मैं बच्चों की मुस्कानों में, पति/पत्नी के साथ चाय पीने में,
परिवार के साथ जीने में, बड़ों के आशीर्वाद में,
स्वस्थ जीवन में हूँ।

मैं तो बस एक हूँ एहसास, बंद कर दे मेरी तलाश,
कल के लिए आज को न खोना, सुख के लिए कभी दुखी मत होना।
जो मिला उसी में कर संतोष,
आज को जी ले, कल की न सोच,
यही सुख है, यही सुख है।

5. जीवन का सकारात्मक स्वर

छोटी सी ज़िंदगी है, छोटा सा जहान बनाना है।
कभी रोना तो कभी हँसना, कभी खोकर भी सब कुछ पाना है।
ग़म चाहे कितने भी हों, मुस्कुराकर दिल से मिटाना है।
चन्द ग़मों की ख़ातिर कभी भी, खुशियों को कम मत करना।

आँसुओं की कीमत को अपनी, इतनी भी सस्ती मत कर देना।
दो-चार दुखों के आने से, ज़िंदगी पर असर न होने देना।
मुस्कान तो वैसे भी महँगी है, इसे दिल खोलकर बाँटो।
ज़िंदगी के हर मोड़ को, हँसते-हँसते काटो।

आना-जाना, हँसना-रोना, हर पल चलता रहेगा।
कुछ अलग करके देखो, समय यूँ ही निकलता रहेगा।
ठान लो, "ऊपर वाले के भरोसे नहीं बैठूँगी,
क्या पता वो तुम्हारे भरोसे हो!"
जब तुम कोशिश करोगे, तो मैं मदद करूँगा।

6. जीवन की सच्चाई

हर एक ज़िंदगी का यही फ़ैसला है,
ज़िंदगी का अन्तिम मुक़ाम सिर्फ़ श्मशान है।
रोते हैं लोग एक-दूसरे के साथ के लिए,
अकेले ही जाना है, क्या कोई इससे अनजान है?

दूसरों को दुखी देखकर, लोग खुश रहना चाहते हैं,
ज़रा पूछो उनसे, क्या यह करना कोई अच्छी बात है?
अकेले आए हो, अकेले जाना है।

सुख-दुख का काम ही तुम्हें आज़माना है,
सुख के साथ दुख में भी मुस्कुराओगे,
तो यक़ीन मानो ज़िंदगी की जंग जीत जाओगे।
ज़िंदगी है तो रोज़ नयी चुनौती लाएगी,
एक दिन खुद ही अपनी मंज़िल तक पहुँच जाएगी।

7. वक़्त की कमी

हर ख़ुशी है लोगों के दामन में,
पर एक हँसी के लिए वक़्त नहीं।
दिन-रात दौड़ती दुनिया, ज़िंदगी के लिए वक़्त नहीं।

माँ की लोरी का एहसास तो है, माँ को माँ कहने का वक़्त नहीं।
सारे रिश्तों को हम मार चुके, दफ़नाने का वक़्त नहीं।
सारे नाम मोबाइल में हैं, पर दोस्ती के लिए वक़्त नहीं।

ग़ैरों की क्या बात करें, अपनों के लिए भी वक़्त नहीं।
आँखों में है नींद बड़ी, पर सोने का वक़्त नहीं।
दिल है ग़मों से भरा हुआ, पर रोने का वक़्त नहीं।

पैसों की दौड़ में ऐसे दौड़े, कि थकने का वक़्त नहीं।
पराये एहसानों की क्या कद्र करें,
जब अपने सपनों के लिए वक़्त नहीं।

तू ही बता ऐ ज़िंदगी,
इस ज़िंदगी का क्या होगा?
कि हर पल मरने वालों को,
जीने के लिए अब वक़्त नहीं।

8. दिल बच्चा ही रह गया

हम सब किसी न किसी के लिए, चुपचाप जीते रहे।
यूँ तो ज़िंदगी की दौड़ में, तजुर्बा कच्चा ही रह गया।
हम सीख न पाए छल-कपट, दिल बच्चा ही रह गया।
बचपन में जहाँ चाहा हँस लेते थे, जहाँ चाहा रो लेते थे।

पर अब मुस्कान को तमीज़ चाहिए, और आँसुओं को अकेलापन।
देखा है मैंने आज, खुद को अपनी पुरानी तस्वीरों में।
हम भी मुस्कुराते थे कभी लापरवाह अंदाज़ में।

बचपन में और बड़े होने के बाद इतना अन्तर क्यों आ जाता है?
जैसे दो इंसान जो हैं बिल्कुल अलग-अलग, एक होते हुए भी।
मैं फिर से आज बच्चा बनना चाहती हूँ,
और लापरवाह होकर मुस्कुराना चाहती हूँ।

चलो मुस्कुराने की वजह ढूँढ़ते हैं,
कुछ तुम चुनो, कुछ हम ढूँढ़ते हैं।

9. काश हम कभी बड़े न होते

काश हम कभी बड़े न होते, ममता के आँचल में मुँह छिपाए रहते।
यह जिम्मेदारियों का बोझ, यह जीवन की परेशानियाँ,
ज़िंदगी में दर-दर भटकना, सब कुछ पाना और खो देना।
काश हम कभी बड़े न होते।

ज़िंदगी का फ़लसफ़ा भी कितना अजीब है,
बचपन में रातें बड़ी और दिन छोटे लगते थे।
अब शाम गुज़रती नहीं, साल बढ़ते जा रहे हैं।

एक अजब दौड़ है ज़िंदगी,
जीत जाओ तो अपने ही पीछे छूट जाते हैं,
हार जाओ तो अपने ही छोड़ जाते हैं।

एक सुबह थी जब हँसकर उठते थे हम,
अब कई बार बिना मुस्कुराए ही शाम हो जाती है।
लोग कहते हैं हम हँसते बहुत हैं,
पर हम थक गए हैं अपना दर्द छुपाते-छुपाते।

फिर भी खुश हूँ और सबको खुश रखती हूँ,
लापरवाह हूँ खुद के लिए, सबकी परवाह करती हूँ।
मालूम है कोई मोल नहीं है मेरा, फिर भी अनमोल रिश्ते रखती हूँ।
ऐसा नहीं कि मुझमें कोई ऐब नहीं, पर सच कहती हूँ मुझमें कोई फ़रेब
नहीं।

10. सच्ची दोस्ती

अचानक ज़िंदगी में एक अनजाना सा कोई आता है,
जो हमसफ़र भी नहीं, फिर भी दिल को भाता है।
जो बातें हम किसी से नहीं करते, वो भी उससे करते हैं,
"मैं ठीक हूँ" हम किसी से भी कह सकते हैं।

लेकिन "मैं परेशान हूँ" यह कहने के लिए कोई ख़ास चाहिए,
जो मेरी सुने दिल खोलकर, अपनी सुनाए जी भरकर।
"तुम मेरी वही दोस्त हो।"
दुनिया का सबसे क़ीमती तोहफ़ा सच्चा दोस्त होता है,
जो क़ीमत से नहीं, क़िस्मत से मिलता है।

कहते हैं दिल की बात किसी को बताई नहीं जाती,
पर दोस्त तो आईना होता है, जिससे कोई बात छिपाई नहीं जाती।
हँसी बाँटी, आँसू भी छिपाए, सपनों की राह में साथ निभाए।
जब दुनिया ने पीछे छोड़ दिया हमें, सच्चा दोस्त ही राह दिखाए।

दोस्ती हो तो ऐसी, अगर अकेले कभी कहीं जाएँ,
तो चार लोग पूछें, "और तुम्हारे साथ वाली नहीं आई क्या?"

11. लौट आओ पापा

जाना तो सबको है इस दुनिया से,
मगर मेरे पापा को इतनी जल्दी क्यों जाना था?
पापा, हम लोग आपको बहुत याद करते हैं।
हमारी आँखों के आँसुओं को देखकर माँ और भाई रो न पड़ें,
इसलिए मुस्कुराती रहती हूँ।

कहाँ ढूँढूँ आपको पापा? न आपकी आवाज़, न आपकी हँसी,
न आपकी परवाह।
"कैसा है तुम्हारे पाँव का दर्द?" अब मुझसे कौन पूछेगा पापा?
अब मुझसे कौन पूछेगा?

सच कहूँ, अब मायके जाने से डर लगता है पापा,
क्योंकि वहाँ सब कुछ है पर आप नहीं हैं पापा।
मायके का कोना-कोना आपकी याद दिलाता है पापा।
आपकी कमी कोई कैसे पूरी कर सकता है पापा?

बेटी के आने की खुशी जो पापा के चेहरे पर रहती थी,
उसे कोई नहीं पूरी कर सकता।
मुझे अपने आप पर बहुत गुस्सा आता है,
मैं आपके लिए कुछ नहीं कर सकी पापा।
लौट आओ पापा, लौट आओ पापा।

12. हम औरतों की ज़िंदगी

हम औरतों की ज़िंदगी,
पिताजी ने कहा यह मत करो, वह करो,
उसे हमने संस्कार का नाम दे दिया।
सास ने कहा मैं जो कहती हूँ वही करो,
हमने उसे परंपरा का नाम दे दिया।

ससुर ने कहा औरत घर में ही अच्छी लगती है,
उसे अनुशासन का नाम दे दिया।
पति ने थोप दी अपनी इच्छाएँ, अपने सपने,
उसे वफ़ा का नाम दे दिया।

बच्चों ने सब कुछ किया अपने मन का,
उसे नई सोच का नाम दे दिया।
देखती और सुनती रही ज़िंदगी की राह पर,
और मैंने उसे फिर क़िस्मत का नाम दे दिया।

ज़िंदगी तो मेरी ही थी,
पर एक पल जीने को तरस गई।
फिर भी इन चलती साँसों को,
हमने अच्छी ज़िंदगी का नाम दे दिया।

13. बेटों की विदाई

कंधों पर जिम्मेदारियाँ, आँखों में पानी,
छोड़ चला एक बेटा घर अपना, लिखने नई कहानी।
कहते हैं जिसे पत्थर दिल, आज वो भी पिघल रहा है,
घर से निकलते वक़्त एक बेटा भी छुप-छुप कर रो रहा है।

कहते हैं बेटियाँ विदा होती हैं, पर बेटा भी तो विदा होता है,
वो भी अपनी मर्जी से नहीं, जिम्मेदारी के बुलावे पर।
वो भी माँ की गोद और पिता की छाया चाहता है,
पर बेटा होने की जिम्मेदारी में अपने अरमान दबाता है।

बेटा तो खुलकर रो भी नहीं पाता,
क्योंकि बचपन से उसे यही सिखाया जाता है: "मर्द को दर्द नहीं होता"।
जो बेटा घर में एक गिलास पानी भी नहीं लेता,
वही बेटा अपना खाना खुद बनाकर, अपने कपड़े खुद धो रहा है।

कौन कहता है बेटों का जीवन आसान और बेटियों का कठिन होता है?
दोनों के जीवन में ही अपनी जिम्मेदारियों को लेकर काफ़ी उतार-चढ़ाव आते हैं,
दोनों ही अपनी जिम्मेदारी बखूबी निभाते हैं।

14. बाप और बेटा

मेरे कंधे पर बैठा मेरा बेटा,
जब मेरे कंधे पर खड़ा हो गया,
मुझसे कहने लगा, "देखो पापा, मैं आपसे बड़ा हो गया।"

मैंने कहा, "बेटा, इस खूबसूरत गलतफ़हमी में भले ही रहना,
मगर मेरा हाथ पकड़े रखना, जिस दिन यह हाथ छूट जाएगा,
बेटा, तेरा रंगीन सपना भी टूट जाएगा।

दुनिया वास्तव में उतनी हसीन नहीं है,
देख, तेरे पाँव तले अभी ज़मीन नहीं है।
मैं तो बाप हूँ बेटा, बहुत खुश हो जाऊँगा,
जिस दिन तू वास्तव में मुझसे बड़ा हो जाएगा।

मगर बेटे, कंधे पे नहीं, तब तू ज़मीन पर खड़ा हो जाएगा,
यह बाप तुझे अपना सब कुछ दे जाएगा,
और तेरे कंधे पर दुनिया से चला जाएगा।"

15. अब खुद के लिए जीना है

अब थक गए हैं यार, हर किसी को खुश करते-करते,
जिसे कल खुश किया था, वो आज फिर नाराज़ है।
जिसे आज खुश करेंगे, वो कल फिर नाराज़ हो जाएगा।

दिल का दर्द छिपाने वाली हँसी हँसते-हँसते गाल दुखने लगे,
हम हँसते रहे, और अन्दर-अन्दर टूटते रहे।
हमने सबका दर्द सुना, पर किसी ने हमारा दर्द नहीं पूछा,
हम अपनी खुशी दूसरों की हँसी में ढूँढ़ते रहे।

फिर भी लोग कहते हैं, "तुमने किया क्या है?"
हमें लगा कोई हमें एक दिन समझेगा, वह दिन आया ही नहीं।
आज से अपने लिए थोड़ा सा जीना सीखते हैं।

अपने अन्दर ढूँढ़ते हैं खुशी, जिससे किसी को कष्ट न हो,
अरे, जब इतने लोगों की खुशियों का ख्याल रखा है,
तो खुद की खुशियों का भी रख ही लेंगे।

16. ज़िंदगी के सबक

अक्सर लोग हमारी एक बुराई याद रखते हैं,
लेकिन हमारी सारी अच्छाई भूल जाते हैं;
जबकि कोई न कोई बुराई उनमें भी होगी।

जो रिश्ते हमारी ताकत होते हैं, अक्सर वही हमारी कमजोरी भी होते हैं।
रिश्ते खून के हों या एहसास के, इनमें जिद नहीं आनी चाहिए।
इंसान की परेशानी की सिर्फ दो वजह हैं:
वह 'तकदीर' से ज्यादा और 'वक्त' से पहले चाहता है।

और जब तक रास्ते समझ में आते हैं,
तब तक लौटने का वक्त आ जाता है।

इसलिए कहते हैं:
मिट्टी से भी यारी रख, दिल से दिलदारी रख;
चोट न पहुँचे बातों से, इतनी समझदारी रख।
पहचान हो तेरी हटकर, भीड़ में कलाकारी रख;
पल भर जोश जवानी का, बुढ़ापे की तैयारी रख;
दिल सबसे मिलता नहीं, फिर भी जुबान प्यारी रख।

17. नए घर की नई नींव

थोड़ी सहमी, कभी-कभी सकुचाई सी,
कभी पूरी मजबूत और बिंदास भी।
भारतीय बहू नए माहौल, नए घर पर,
हर हालत में अपना घर छोड़ के है आती।

अक्सर सुनते हैं आजकल लड़कियाँ मनमानी करती हैं,
क्योंकि उनसे अपेक्षा होती है कि पूरे घर से हिल-मिल जाएँ।
बाहर नौकरी के साथ घर के कामकाज में हाथ बटाएँ,
बहू है ना; हो व्यवहार, रीति-रिवाजों और पाक-कला में निपुण।
हम में, तुम में होना, उसमें सब हों गुण।

वो भी तो कितने अरमान लेकर आती है दिल में,
पति और नए रिश्तों में सबको खुश करने के।
हर संभव प्रयास पराई बेटी के चलते रहते,
पर दिन के चौबीस घंटे ही ना सिर्फ रहते।

आखिर गलत क्या, पति प्यार से हाथ बटाए?
एक बेटी की तरह हर परिवार उसे अपनाए।
बंधनमुक्त जीवन किसे कब है भाया?
बेड़ियाँ इंसान सदा तोड़ता ही आया।

खुशहाल जोड़ी के अपने भी होते हैं ख्वाब,
जीने दो दोनों को, उनका अलग संसार।

18. मैं जैसी हूँ, वैसी हूँ

चलो आज किसी और का नहीं, आज अपना ही ज़िक्र करती हूँ।
आज अपनी सारी कमियाँ, बिना हीरोइन बने,
थोड़ी मुस्कान के साथ कबूल करती हूँ।

हाँ, मैं ज़िद्दी हूँ, थोड़ी शरारती, ज़ूरत से ज़्यादा चंचल,
और गुस्सा तो जैसे जेब में रखकर चलती हूँ।
पर दिल अब भी मासूम है, सबसे प्यार कर लेता है।

लापरवाह दिखती हूँ, पर अपनों की फ़िक्र मुझसे ज़्यादा शायद कोई नहीं करता।
मजबूत बनकर रहती हूँ क्योंकि बच्चों के आगे कमज़ोर नहीं पड़ सकती।
कभी तो खुद पर ही यकीन नहीं होता, क्या यह मैं ही हूँ?

दिन भर हँसी, मज़ाक, शरारत और दोस्ती में शोर,
ताकि कोई यह न पूछ ले कि भीतर क्या चल रहा है।
लेकिन कभी गुस्से में ऊँचा बोल देती हूँ तो,
लोग मुस्कुराकर कहेंगे: "अरे, इसका स्वभाव ही ऐसा है।"

किसी को यह नहीं दिखता कि मेरा गुस्सा रोने का दूसरा नाम है।
हाँ, मैं ही हूँ;
थोड़ी शरारती, थोड़ी इनोसेंट और दिल की सच्ची।

19. इंसानियत का कोर्स

एक कोर्स ऐसा भी कराया जाए, जिसमें इंसान बनना सिखाया जाए।
अमीर हो या गरीब, इंसान को इज़्ज़त देना सिखाया जाए।
अपनी हो या किसी और की, हर माँ का सम्मान कराया जाए।
परिस्थितियाँ हों चाहे कुछ भी, धैर्य रखना सिखाया जाए।

बुज़ुर्ग हो यदि कोई, मदद देना सिखाया जाए।
बहन-बेटी हो किसी की भी, रक्षा करने का फ़र्ज़ बताया जाए।
धन सिर्फ संचय के लिए नहीं, दान करना भी सिखाया जाए।
योग्यता घमंड करने के लिए नहीं, योग्य बनाना भी सिखाया जाए।

प्रदूषण फैलाना है एक जुर्म, पृथ्वी को बचाना सिखाया जाए।
सिर्फ माटी का ढाँचा घर नहीं, 'वसुधैव कुटुम्बकम्' बताया जाए।
अनिवार्य हो यह कोर्स, हर डिग्री पूरी करने के बाद;
ना ग्रेड मिले ना अंक मिले, मिले आशीर्वाद और धन्यवाद।

इसी के बाद सम्पन्न हो डिग्री, तभी होगी इंसानियत आबाद।
एक कोर्स ऐसा कराया जाए,
इंसान को इंसान से प्यार करना सिखाया जाए।

20. माँ का घर

बरसों बीत गए, मायके से विदा हुए,
नयी दुनिया बसाए हुए।
फिर भी याद आते हैं वो पल, जो थे वहाँ बिताए।

रम गई हूँ नयी ज़िंदगी में, घर-परिवार और बच्चों की खुशी में,
फिर भी जब भी आता है नाम माँ के घर का,
खो जाती हूँ उस घर की कहानी में।

कुछ पुरानी बातें, कुछ पुरानी यादें, ज़िंदा हैं आज भी।
वो गली, कुछ रिश्ते-नाते; फुर्सत में ही सही,
कुछ पल के लिए ही सही,
चाहती हूँ जीना फिर से वही ज़िंदगी;
ये मेरी तमन्ना ही सही।

कितना भी बसा लो अपना घर,
पर याद आता ही है माँ का घर।
खुद बनकर भी माँ,
याद आती है सिर्फ अपनी माँ।

21. उम्मीद की आवाज़

दुल्हन बन बेटी किसी के घर की बहू कहलाई।
पत्नी बनी, माँ बनी, भाभी बनी; लगभग हर रिश्ता
दुल्हन ने दिल से निभाया।

माना कि समाज पुरुष प्रधान है, किन्तु अक्सर स्त्रियों ने ही हर
रिश्ता दिल से निभाया।

दिल से रिश्ता निभाते-निभाते, जिम्मेदारी सम्भालते-सम्भालते
मेरी आवाज़ बहुत धीमी हो गई।
मैं पहले बहुत खुलकर बोलती थी; अपनी खुशी भी, अपना दर्द भी।
लेकिन धीरे-धीरे समझ आ गया कि
मेरी बातें किसी के लिए इतनी ज़रूरी नहीं हैं।

क्योंकि जब भी किसी को कुछ कहना चाहा, जवाब मिला:
"इतना मत सोचो, रहने दो।"

फिर मैंने बोलना कम कर दिया; रोना और हँसना भी।
तब अब लोग या कहीं 'रिश्तेदार' कहते हैं:
"तुम पहले जैसी नहीं रहीं।"

कैसे बताऊँ, किसको बताऊँ?
आवाज़ नहीं बदली मेरी,
बस उम्मीद कम हो गई।

22. वो मेरे साथ खड़े रहे

वो कभी हीरो बनकर नहीं आए, न ही दुनिया ने तालियाँ बजाईं।
बस हर रोज़, मेरे साथ खड़े रहे।
उन्होंने बड़े-बड़े वादे नहीं किए, पर हर जिम्मेदारी निभाई।
मेरी ज़रूरतों को अपने सपनों से पहले चुना।

दुनिया ने मुझे कमज़ोर कहा, पर उन्होंने कभी कमज़ोर महसूस नहीं होने दिया।
मेरी हर हार में वे मेरी ढाल बने।
मैं बदली, मैं उलझी, मैं कई बार गलत भी हुई;
पर उन्होंने मेरा साथ कभी नहीं छोड़ा।

लोग कहते हैं: पति होना आसान है, पर मैंने देखा है;
पति होना हर रोज़ खुद से थोड़ा कम होना है।

मैं अगर आज खुद पर भरोसा कर पाती हूँ,
तो इसलिए क्योंकि उन्होंने मुझ पर बिना शर्त भरोसा किया।
आज मैं इतनी मज़बूत बनी हूँ तो सिर्फ़ इसलिए,
कि उन्होंने मुझ पर अपना पूरा भरोसा दिखाया।
कुछ करने की हिम्मत, ललक; सब उन्हीं के कारण है।

23. ज़िंदगी के सबक

ज़िंदगी ने जो मुझे सिखाया, वो किसी किताब में नहीं था।
ज़िंदगी ने बहुत कुछ दिया भी, बहुत कुछ छीनना भी सिखाया।
समझ बढ़ी तो एहसास हुआ; ज़िंदगी ने मुझे हर तरह के
इंसान से मिलवाया।

किसी ने भरोसा दिया, किसी ने उसी भरोसे को तोड़ दिया।
किसी ने प्यार सिखाया, तो किसी ने खामोशी।
मैंने कभी किसी से शिकायत नहीं की; जो जैसा था,
मैंने वैसा ही स्वीकार किया।

और सबसे बड़ा सबक जो ज़िंदगी ने दिया:
अकेले जीना सीखो, क्योंकि दोस्ती, प्यार और रिश्ते अक्सर
ज़रूरत के हिसाब से बदल जाते हैं।

भीड़ में अकेले रहना, ज़िंदगी का सबसे कठिन
लेकिन कड़वा सच है।
यहाँ यही कहावत है:
अकेले आए हैं, अकेले ही जाएँगे।

बस अन्तर इतना है:
रोते हुए आए हैं, हँसते हुए जाएँगे।

24. प्रकृति का पवित्र नियम

जिस लाल धब्बे से लोग नाक-भौं सिकोड़ लेते हैं,
उसी धब्बे ने नौ महीने पेट में रखकर हमें इंसान बनाया।
हर महीने आने वाली यह माहवारी आसान नहीं होती;
यह वो अग्नि परीक्षा है, भविष्य को सुरक्षित रखने के लिए जिसका कोई विकल्प नहीं।

गलती उस स्त्री की नहीं, जो बिना बुलाए माहवारी से गुज़रती है;
गलती उस सोच की है, जो पाँच दिनों के लिए स्त्रियों पर थोप दी जाती है।
जिसे अपवित्र कहते हैं, वह अपवित्र नहीं,
प्रकृति का पवित्र नियम है।

इन पाँच दिनों में जब शरीर मंदिर बनकर दर्द की घंटियाँ बजाता है,
तब पैरों में खिंचाव, पेट में ऐंठन और मन में अदृश्य युद्ध चलता है।
तब भी नारी अपना या दुनिया का काम रुकने नहीं देती।
सिरदर्द हो, तेज़ बुखार हो, या भीतर टूटती हिम्मत;
वो एक झोली में सब समेट लेती है।

पर अगर माँगे सम्मान या समझ,
तो समाज की नज़र गंदी हो जाती है।
अखबार में लपेटकर जिसे छुपाया जाता है, वो शर्म नहीं,
हमारे समाज का अस्तित्व है।

www.ingramcontent.com/pod-product-compliance
Lightning Source LLC
Chambersburg PA
CBHW070654240926
51846CB00003BA/909
* 9 7 8 9 3 7 5 2 7 9 6 2 4 *